創世之筆

Collection POLLEN
animée par Suzanne Bukiet

Des fleurs d'encre
crachant des pollens en virgule...
Arthur Rimbaud

Autres titres de la collection :

Les recherches multiculturelles
de cette collection sont réalisées
avec la collaboration de la
Fondation Charles Léopold Mayer
pour le progrès de l'Homme

fph

PIERRE ARONEANU

LE MAÎTRE
DES SIGNES

8e édition

PEINTURES DE CHEN DEHONG

EDITIONS ALTERNATIVES

Quelle joie de rencontrer quelqu'un qui se sert du chinois pour carrément réécrire la Genèse...

L'erreur, malheureusement fort répandue, est de croire que les choses existent avant les mots pour les nommer. Or, ce récit nous apprend que ce sont les inventeurs de mots, les poètes, qui nous ont créé l'univers. Encore fallait-il connaître l'écriture chinoise pour s'en apercevoir. L'histoire nous montre que les hommes ont souvent mal utilisé le processus créateur puisque de pays ils ont fait royaume et de royaume ils ont fait guerre ; le poète avait ouvert une boîte de Pandore.

Lisez ce conte avant de vous lancer dans Confucius. Quand un disciple demanda à celui-ci ce qu'il ferait s'il avait le pouvoir, il répondit qu'il commencerait par rectifier les mots. Ceux qui connaissent l'histoire ici révélée sont capables de soupeser la juste valeur de cette parole. « A l'origine était le Verbe et le Verbe s'est fait chair » prend ici son vrai sens.

J. Pimpaneau

Peintre calligraphe chinois, CHEN Dehong (né en 1936, à Kunming) a étudié à l'Académie Centrale de Pékin.

Ses œuvres ont été montrées aux expositions nationales en Chine jusqu'en 1981. Il vit à Paris depuis avril 1982.

Exposée dans le monde entier (Paris, New York, Boston, Londres, Amsterdam) sa peinture marie la calligraphie chinoise et l'art abstrait.

Au peintre et poète
LE TO

樂

道

1
■

La stèle de la terre

Il était une fois, assis face à la ligne d'Infini qui sépare l'Ombre de la Lumière, un Poète.

Après avoir médité pendant dix mille ans, il trempa son pinceau dans l'encre de la nuit et, sur la surface blanche du jour, il traça le chiffre UN, cause de toutes les causes, origine de tout ce qui est.

Dix mille autres années de méditation lui révélèrent le principe de la Dualité contenu dans le chiffre un, comme dans toute chose. Alors, du chiffre premier, il tira le nombre DEUX.

Puis de deux, le nombre TROIS. Le jour ne contient-il pas le matin, le midi, le soir, et le temps, le passé, le présent, le futur ?

Sur l'axe de l'Unité originelle, il accrocha le MONDE, entre le Temps et l'Espace, comme sur sa branche une feuille unique se balance au-dessus du vide.

世

Ensuite, il peignit le soleil, le posa au-dessus de l'horizon. La première AUBE éclaira le monde.

旦

LUMIERE

Parce que l'œuf est l'aurore d'une vie, il donna aux deux mots le même son.

Au soleil, il dessina une compagne, la lune. La LUMIÈRE qui jaillit de leur rencontre fut si intense, qu'il dut séparer les deux astres.

明

A l'un, il attribua l'empire du jour ; à l'autre, ainsi qu'aux dix mille étoiles nées de leur union, le royaume de la nuit.

Sous l'ardeur du soleil, la terre se desséchait. Alors, le Poète créa le NUAGE.

雲

Puis, il en effaça la base et la PLUIE tomba.

雨

Mais le déluge menaçait de submerger tout ce qu'il avait peint. De son pinceau, il fit surgir la MONTAGNE.

山

Il la fit très haute et acérée pour percer le ventre des nuages. Le pic engendra le torrent et le torrent la RIVIÈRE.

川

D. Chen

POISSON

Les rivières devinrent fleuves. Les fleuves, s'élargissant à l'infini, formaient les océans d'où émergèrent les CONTINENTS.

洲

Il peupla les eaux de POISSONS qui transportèrent jusqu'au fond des rivières et des lacs, la lumière du soleil que leurs champs d'écailles avaient captée.

魚

Pour faire palpiter le ciel, Il créa toutes sortes d'OISEAUX,

鳥

et disposa des chapelets d'ÎLES au milieu des mers et des océans.

島

Sur chaque continent, Il peignit l'ancêtre des forêts à venir, sa majesté l'ARBRE.

木

Entre ses racines, un poil du pinceau resta accroché.

Quelques instants plus tard, deux bourgeons apparurent. Bientôt, des brins d'herbes se multiplièrent.

Parce que ces pousses étaient sorties du sol, le Poète en fit le symbole même de la TERRE.

VOLER

Or rien ne bougeait : le souffle vital restait absent de l'Œuvre.

Le Poète fit jaillir l'AIR du fond de son Être...

气

Aussitôt, les nuages de se mettre en mouvement, les poissons de nager, les oiseaux de VOLER.

飞

Pour les disperser aux quatre orients, il enferma une myriade d'insectes dans la grande voile du VENT.

風

Mais un phénomène étrange se produisit : les poissons s'élançaient hors de l'eau quand les oiseaux s'y précipitaient, les racines des arbres se dressaient vers le ciel, et les branches s'abaissaient vers le sol. A peine ébauché, c'était déjà le monde à l'envers !

Alors le Poète, d'un large mouvement, traça la ligne d'horizon, d'où surgirent les deux caractères fondamentaux : celui qui désigne le HAUT et signifie aussi MONTER,

上

celui qui indique le BAS et signifie aussi DESCENDRE.

下

Ayant ainsi fixé à chacune de ses créatures la place qui lui revenait dans l'Univers, le Poète se reposa dix mille autres années.

HOMME

2
■

La stèle de l'Homme

Quand il reprit son pinceau, le Poète pensa à l'Homme. Longtemps auparavant, un poète l'avait représenté à son image. La terre avait été empoisonnée, mise à sac. Son prédécesseur, après avoir détruit le tableau, avait renoncé à la peinture.

Notre Poète tourna dix mille fois son pinceau entre ses doigts et, après avoir longtemps réfléchi, il traça sur la ligne d'horizon, à nouveau, le chiffre un. Puis, lentement, très, très lentement, du bout du pinceau, il souleva délicatement ce mélange de terre et d'infini et redressa enfin son ébauche d'HOMME.

L'homme étira les bras, comme après un très long sommeil. En apercevant son ombre qui s'allongeait sur le sol, il se trouva GRAND.

大

Mais l'infini du CIEL lui révéla aussitôt sa solitude et sa petitesse.

天

Alors, le Poète lui donna une compagne, et dans les hanches plus larges de la FEMME, il enferma le secret de la fécondité.

女

Pour les protéger du froid et de la pluie, il leur dessina une grotte. De son pinceau, il leur alluma un FEU de bienvenue.

火

Quand l'homme voulut saisir le feu, il en éprouva la morsure et, quand il voulut attraper l'EAU de la rivière, il en connut la fuite.

水

BON

Interminable fut la pluie ; mais jamais le feu ne cessa.

Enfin, la pluie s'arrêta. La femme présenta à l'homme son premier FILS.

子

Devant le tableau de la femme tenant son enfant, il sourit et prononça son premier mot : « BON ».

好

La terre aussi avait fructifié : dix mille pousses recouvraient la plaine et l'homme les enferma dans le premier CHAMP.

田

Chaque jour il observait la croissance des herbes. Petit à petit, des épis apparurent, se gonflèrent de grains et s'inclinèrent. Les pousses étaient devenues CÉRÉALES.

禾

Il arracha un épi, le goûta, en reprit un autre et, après en avoir mangé à satiété, il éprouva un sentiment proche de celui de la paix. Quand les hommes ont assez de nourriture à portée de la bouche, l'HARMONIE ne peut que régner entre eux. Le Poète attribua au mot céréale et à celui d'harmonie la même sonorité.

和

Le soleil finit par dorer les épis ; les champs de céréales parurent en feu : l'homme découvrit le flamboiement des couleurs d'AUTOMNE.

秋

PAIX

Et la PAIX qu'il ressentait était encore plus grande à la vue de cette femme vivant sous son toit.

安

Chaque jour apportait à l'homme des émotions nouvelles qui faisaient battre son CŒUR.

3
■

La stèle de la Famille

Le Poète s'était penché sur son œuvre pour l'admirer. La pointe du pinceau effleura la toile et y laissa un trait, juste au-dessus du feu. Ce trait malencontreux suffit à l'ÉTEINDRE !

灭

HIVER

Aussitôt, il n'y eut plus ni chaleur, ni lumière dans la première maison de l'homme.

Voilà qui était d'autant plus fâcheux que descendaient en virevoltant les premiers flocons de neige du caractère HIVER que le Poète venait de peindre.

冬

Pour réparer sa maladresse, le
Poète fit à l'homme son premier
cadeau : il dessina un rocher tombant
du haut d'une falaise. Celui-ci, en se
brisant sur le sol, libéra dix mille
PIERRES.

Certaines avaient déjà la forme
d'une lame... L'une d'elles se ficha
dans un arbre, une autre pénétra dans
le cou d'une bête. Du tronc coula la
sève et de l'animal mort s'écoula le
sang.
C'est ainsi que l'homme découvrit
le principe du COUTEAU.

En taillant deux silex, il fit jaillir une fleur de feu. Elle alla se nicher dans des aiguilles de pin, de là, gagna les rameaux d'une branche de bois mort et bientôt, une flamme vive illumina à nouveau la maison. Depuis la naissance de son fils, l'homme n'avait ressenti si forte émotion. A présent, de ses propres mains, il pouvait faire surgir le feu, ce feu qui éloignait de la grotte les fauves affamés dont les rugissements le faisaient trembler durant la longue nuit de l'hiver et qu'un simple couteau ne pourrait vaincre.

Alors, parmi les bambous qui poussaient au pied de la falaise, il en choisit un et en fit une PERCHE.

竿

D. Chen 1⁄36

PIERRE

Lorsque les bêtes féroces le virent brandir sa première LANCE, elles commencèrent à le craindre.

L'homme, à son tour, se transforma en fauve. De la lance lui vint l'idée de la FLÈCHE. Dès lors, les oiseaux surent que l'esprit du chasseur était définitivement entré en lui.

Les flèches lui apprirent qu'elles étaient toujours plus efficaces lorsqu'elles frappaient le MILIEU de leurs cibles.

中

Les armes lui révélèrent toute la FORCE contenue dans chacun de ses muscles, bandés comme l'arc sous la tension de la corde.

力

Et, parce qu'il allait devoir la déployer dans les travaux des champs, le Poète traça cet autre caractère qui désigne l'HOMME.

男

A chaque PRINTEMPS, lorsque les nouveaux rameaux des arbres s'étiraient au soleil, un nouvel enfant naissait.

En voyant fureter dans les recoins de la grotte les petits de l'homme en quête de nourriture, le Poète fit un autre cadeau : le cochon.

Pour que ce dernier sût à tout jamais quel était son destin, le Poète le coiffa d'un toit, faisant de ce caractère le symbole même de la FAMILLE.

HUMANITE

4
■

La stèle du village

Le Poète se reposa et s'endormit.
À son réveil, il écarquilla les yeux de
surprise : aux quatre coins du tableau,
les hommes étaient aussi nombreux
que des grains de RIZ sur une aire de
battage.

米

Dans le premier homme, que le
pinceau avait extrait de l'horizon, était
contenue toute la semence de l'HUMA-
NITÉ. Devant cette foule, le Poète
découvrit sa solitude.

尖

Il aurait voulu partager avec eux l'eau qu'ils buvaient, les feux qu'ils allumaient à la tombée de la nuit, mêler à leurs rires le son de sa propre voix. Petit à petit, s'insinua en lui une nouvelle et terrible tentation : celle d'être reconnu, et surtout, d'être aimé par ses créatures ! Il tourna dix mille fois son pinceau entre ses doigts. Finalement, il traça en neuf traits rapides, le verbe PENSER.

思

Il fit du cœur le champ même de la pensée, le lieu par excellence de toutes les révélations, le foyer de toutes les émotions, celles qui donneront les herbes vénéneuses comme celles qui mèneront aux fleurs de la poésie.

Et les hommes s'éveillèrent peu à peu à l'intelligence...

Les toiles d'araignée leur inspirèrent les premiers FILETS de pêche.

D. Chen 12.87

BUFFLE

Ils domestiquèrent le BUFFLE, fort et doux, dont les longues cornes recourbées sont un symbole de puissance.

牛

C'est sur lui que repose le poids
des récoltes et le joug de la CHAR-
RUE. Et parce que celle-ci exige beau-
coup d'efforts, le Poète lui donna
l'écho du mot « force ».

犁

Puis il dessina le MOUTON à l'épaisse toison.

羊

A la vue de la laine blanche et douce, les hommes eurent l'idée de tisser les premiers habits et ils se trouvèrent plus BEAUX qu'avant.

美

CHEVAL

Le Poète décida d'offrir aux hommes son plus bel animal. Il voulait, par la beauté de sa robe, la rapidité de sa course, l'élégance de ses formes, frapper l'imagination et faire de ce coursier son messager. Il y travailla longtemps. Un jour, au cœur d'une plaine infinie, du pinceau jaillit le CHEVAL.

馬

Dès qu'ils l'aperçurent, les hommes s'élancèrent à sa poursuite. Elle dura des jours et des nuits. Un soir enfin, le cheval s'arrêta au bord d'une rivière, se désaltéra et accepta des hommes l'hommage de leurs caresses. Alors, le Poète écrivit le caractère APPRIVOISER.

馴

Mais les hommes, tout à leur joie, continuèrent d'ignorer celui à qui ils devaient tout. Le Poète, petit à petit, comprit, avec amertume, que ses créatures, riches de tous les cadeaux qu'il leur avait faits, n'avaient plus besoin de lui.

En les regardant se multiplier à l'infini, il frémit à l'idée que les hommes allaient s'approprier tout l'espace du tableau... peut-être même tenter d'en sortir et ainsi, détruire l'équilibre de l'Univers.

Après avoir longuement médité, il décida de leur retirer le privilège qu'il leur avait conféré : l'immortalité des chefs-d'œuvre.

5
■

La stèle des ancêtres

Il fit entrer le premier homme de la
Création dans le soir de sa vie. Chaque
jour, il lui retira un peu de sa force et
lui ferma un peu plus les yeux. Pour
qu'il ne tombât pas, il lui donna une
canne sur laquelle s'appuyer. Tel est,
depuis, le sens du caractère VIEUX.

老

Un matin, le vieillard ne se releva
plus. Ses fils cherchèrent à le sortir de
son grand sommeil. Malgré leurs cris et
leurs offrandes, le père conservait son
silence et son immobilité, jour après
jour. Ses vertèbres se disloquèrent.
Tous eurent la révélation de la MORT.

死

SIGNE

Quand la Mère de toutes les mères mourut à son tour, l'Aîné des hommes se dirigea vers la ligne d'horizon, avec au cœur le premier «Pourquoi?» de l'humanité.

Au seuil de l'Infini, debout et immobile, l'homme attendit toute une journée la réponse à sa question.
En vain.

Face à lui se tenait le Poète, le maître du Grand Mystère, mais sa créature ne le voyait pas. Devant l'inexplicable et l'invisible, l'homme baissa la tête en SIGNE de soumission. Puis il s'en alla.

示

En le regardant s'éloigner, le Poète sut qu'avec la mort de ses créatures, il scellait à jamais sa propre solitude.

Une colonne lumineuse, descendue du ciel, s'enfonça dans les champs. Par ce symbole de lumière, le Poète cherchait à révéler la transcendance de son ESPRIT.

神

L'Aîné, émerveillé, s'inclina devant
ce phénomène et voulut s'en appro-
cher. Une sombre forêt l'en séparait. Il
allait y pénétrer quand un vent violent
agita les branches, un sifflement sinis-
tre s'éleva des profondeurs. Effrayé,
l'homme battit en retraite. Le vent
cessa et le silence revint. Devant la
manifestation de l'INTERDIT, l'Aîné
s'inclina plusieurs fois.

禁

RAYONS

La barre lumineuse avait disparu et l'homme se tourna vers les hautes montagnes qui bordaient la vaste plaine. Des nuages, aux formes étranges, montaient et descendaient mollement le long des pentes. Soudain, il aperçut parmi eux une silhouette immense et majestueuse. Il frissonna. C'était celle du Poète qui flottait près des sommets illuminés par les feux du couchant. Impressionné, l'Aîné se hâta sur le chemin du retour.

Au village tous l'attendaient. Quand il se détacha sur l'horizon rougi par les derniers RAYONS du soleil, tous s'inclinèrent devant l'ombre de leur nouveau chef.

光

L'Aîné gagna sa hutte sans un mot et s'y enferma jusqu'au lendemain.

Quand il en ressortit, il regarda dis-
paraître le soleil entre les hautes
herbes et il médita longtemps dans le
CRÉPUSCULE.

暮

Il réunit les siens et dit :
« A la fin de leur course dans le ciel, le
Soleil et la Lune se reposent dans le
sein de la Terre. Notre Père et notre
Mère ont été pour nous, tout au long
de leur très longue vie, notre soleil et
notre lune. Qu'ils reposent eux aussi
au sein de la terre. »
    C'est ainsi que les hommes élevè-
rent le premier TOMBEAU.
    Et le chef donna à ce mot la même
résonance qu'au crépuscule.

墓

Devant la tombe, il fit dresser une stèle percée d'un trou en forme d'œil : ainsi les défunts pouvaient continuer à se réjouir du spectacle toujours recommencé de la vie.

On abrita la stèle sous un toit. Dans le cœur des hommes était entré le sens du CONVENABLE.

宜

Ils firent brûler au pied de la tombe les rameaux les plus parfumés de leurs champs. Lorsque les fumées montèrent dans le ciel, tous, les mains jointes, à l'exemple de leur chef, s'inclinèrent respectueusement devant la stèle des ANCÊTRES.

祖

PAYS

6
■

La stèle de la civilisation

La révélation de la mort leva dans le cœur des hommes un vent mauvais. Ce vent, qui portait l'odeur de la peur, leur souffla l'idée d'entourer de murs leurs terrains de chasse, leurs plaines et leurs montagnes. Les hommes donnèrent à la terre de leurs pères le nom de PAYS, qui retentit comme les lances dont ils hérissaient leurs murailles.

Ils enfermèrent dans les mots et les prières, le visible et l'invisible, délimitant ainsi le bien du mal, le beau du laid, le grand du petit, le vrai du faux.

En voulant créer l'ordre par le verbe, ils détruisirent irrémédiablement l'unité originelle scellée par le Poète dans le premier caractère.

Ni les murs ni les mots et les prières n'arrêtèrent la menace du vent. Alors, pour conjurer la peur indicible, les hommes demandèrent à l'Aîné d'être leur intercesseur entre le ciel, eux-mêmes et la terre. Il accepta et se décerna le titre de ROI.

王

Les chefs des autres villages s'attribuèrent le même honneur et baptisèrent leur pays du nom de royaume.

Aussitôt, la guerre se répandit sur la terre comme une épidémie et les lances se plantèrent dans les boucliers avec toute la violence des contradictions devenues irréductibles.

D. Chen 1987

MELANCOLIE

Dans leur rage de vaincre, les hommes allèrent jusqu'à communiquer leur propre frénésie guerrière au messager du Poète, le cheval.

Sa longue crinière flottant au vent comme un étendard, ses sabots faisant vibrer le sol comme un immense et unique tambour de guerre, il GALO-PAIT jusqu'au cœur des batailles,

馳

enivré par les cris des cavaliers et le roulement des chars. Et le sang des soldats qui TUAIENT à grands coups de haches, comme s'ils abattaient des arbres, maculait sa robe et le faisait hennir.

杀

En voyant ce qu'ils avaient fait de son animal préféré, le Poète se reprocha amèrement d'avoir cédé à sa tentation : créer l'Homme.

Devant le saccage de son œuvre, s'insinua en lui la MÉLANCOLIE, celle qui frappe souvent le cœur à la fin de l'automne...

愁

Il songea à détruire son tableau, à l'instar de l'autre poète. Mais la curiosité le retint : il voulait voir jusqu'où iraient les hommes. C'est ainsi qu'il vit des roitelets devenir FOUS, à l'image d'un chien qui se prendrait pour un roi ou d'un roi qui se comporterait en chien.

Car tous se disputaient l'os du pouvoir.

狂

Le tumulte de la guerre dura des siècles et des siècles, et toutes les larmes versées, tout le sang répandu s'en allaient vers les mers et leur donnèrent ce goût de sel si caractéristique.

Enfin, un jour, apparut le vainqueur de tous les rois : l'EMPEREUR...

皇

帝

Celui que nul ne saurait regarder en face, car son auguste visage porte l'éclat du soleil levant.

Lorsqu'il se montra aux hommes, vêtu du somptueux manteau impérial, tous, d'un même mouvement, se prosternèrent à ses pieds, face contre terre.

PINCEAU

L'Empereur fit le tour de son empire. Au retour, il remarqua une forêt de bambous. Après les avoir regardés longtemps onduler au gré du vent, il alla y tailler son premier PIN-CEAU.

筆

Le Poète retint son souffle. Il faillit le perdre lorsqu'il vit l'Empereur créer à son tour les CARACTÈRES, fixer leurs sens, leurs formes et le nombre de leurs traits. Pour qu'ils résistent à l'épreuve du temps, il les fit graver sur la pierre des stèles et il les nomma du nom de « Fils »,

字

afin que sous chaque toit, de génération en génération, ils soient aussi vénérés que les tablettes des ancêtres.

Lorsqu'il vit le pinceau de l'Empe-
réur cultiver l'espace et la couleur dans
le champ de ses TABLEAUX, le Poète
en éprouva un peu de jalousie, mais
apprécia en connaisseur.

画

Il approuva sans réserve son choix
d'englober dans la même syllabe,
tableau, fleur, parole et civilisation,
tout en se doutant bien que la magie de
ces mots n'épargnerait pas aux hommes
d'autres bains de sang. Il savait que la
Vie, comme le Feu, renaissent sans
cesse — ces deux mots ne sont-ils pas
portés par le même son? — et que le
RIRE continuerait à secouer les
hommes, comme le vent agite les bambous.

笑

Quand l'Empereur fit, de deux
lances orgueilleusement dressées,
l'emblème de son MOI, le Poète eut un
petit rire moqueur.

我

IMMORTEL

L'Empereur venait de lier à jamais, à travers ce caractère, le faisceau des contradictions humaines.
Le Poète ferma les yeux.

A présent, il ne cherchait plus à savoir si son œuvre était réussie ou non... Il venait de découvrir que toute création recèle en elle-même sa propre justification, et que le plaisir qu'elle procure en est la récompense.

Alors, il brisa son pinceau et regagna le séjour des IMMORTELS qui, comme chacun sait, se trouve au sommet de montagnes inaccessibles.

仙山

En couverture
peinture du caractère

TUER